Lb 73/355.

DE L'ÉTAT
DE LA FRANCE.

DE L'IMPRIMERIE DE PLASSAN,
RUE DE VAUGIRARD.

DE L'ÉTAT
DE LA FRANCE
ET
DES BRUITS
QUI CIRCULENT.

PAR M. BENJAMIN CONSTANT,
DÉPUTÉ DE LA SARTHE.

A PARIS,
CHEZ BRISSOT-THIVARS, LIBRAIRE,
RUE NEUVE-DES-PETITS-PRÈES, N° 3;
BÉCHET AÎNÉ, LIBRAIRE DE LA RENOMMÉE,
QUAI DES AUGUSTINS, N° 57.
1819.

DE L'ÉTAT
DE LA FRANCE.

Des bruits étranges circulent de toutes parts. Plusieurs semblent absurdes ; mais ils sont en même temps tellement graves, que déjà les transactions, le commerce, le crédit s'en ressentent. Des articles semi-officiels, des discours prêtés à des hommes puissans redoublent les alarmes ; des mesures inexplicables et inattendues étonnent les citoyens. Le ministère se déclare contre les pères et les époux qui veulent que la paix de leurs ménages ne soit pas troublée, que la faible raison de leurs épouses et de leurs filles ne soit pas égarée par des prêtres séditieux. Les Chambres se voient ajournées au moment où leur ajournement jette dans les esprits de la terreur, et dans les finances de la confusion. Le ministère aime mieux braver la baisse des fonds, la ruine des capitalistes, l'ébranlement du crédit de l'état, que de nous rassurer ; et cependant les feuilles des hommes de 1815, féroces, suivant leur coutume, envers les Français, serviles envers l'étranger, semblent préluder, par des déclamations forcenées, aux sanglantes saturnales dont cette faction a déjà une fois épouvanté la France.

Puisque l'autorité garde le silence, il doit nous être permis de parler. Puisqu'elle nous abandonne à nos craintes ; prévoir quel serait le résultat de ce que nous craignons, est un droit qui ne nous est pas encore enlevé. Je vais en faire usage.

Je parlerai avec franchise, peut-être avec hardiesse, bien que la modération soit dans mon caractère ; mais quand je vois qu'un petit nombre d'hommes, que dis-je ? un seul, s'il faut en croire les apparences, traîne la France au bord de l'abîme dans lequel, sans la sagesse du Roi, elle eût été précipitée en 1816, je trouve que ce n'est plus l'instant des réticences, et qu'il ne faut pas dire la vérité à moitié, quand la vérité toute entière bien connue et clairement exprimée peut seule nous sauver.

On répand qu'un nouveau ministère nous menace, que ce ministère doit être à peu près celui devant lequel la France a frémi, contre lequel l'opinion de toute la France s'est soulevée en décembre dernier.

On répand que l'une des premières opérations de ce ministère sera de porter atteinte à la loi des élections, à la seule loi nationale que nous ayons obtenue depuis quatre années.

On répand que, si l'on parvient à arracher aux Chambres la révocation de cette loi qui a commencé à persuader à la France que l'autorité voulait réellement l'exécution de la Charte, on dissoudra la Chambre des députés, pour en obtenir une qui, nommée d'une manière moins populaire, et plus dans le sens de l'oligarchie, remettra la majorité sous le joug de la minorité, qui gouvernera comme en 1815.

On répand que, si la loi des élections n'est pas changée par les Chambres, on indiquera, sous le prétexte des lenteurs qu'entraînerait la discussion d'une loi nouvelle, un mode provisoire d'élection par ordonnance.

On répand que ces mesures sont exigées par l'Europe ; qu'elle veut que nous la suivions dans la marche qu'elle vient de se tracer, qu'elle nous a intimé cette volonté par ses ambassadeurs ; et qu'un homme qui a naguère dirigé la destinée de la France a été recevoir, ô honte ! l'ordre de l'étranger pour nous l'apporter.

On répand, enfin, que tous ces projets sont ou médités ou secondés par un ministre qui se sépare de ses collègues, qui depuis long-temps, dit-on, cherche à les remplacer soit par des hommes d'une coterie dont il est le chef, soit par des membres d'une faction dont il serait l'esclave, faction qui l'a insulté, diffamé, accusé, et qu'il croirait désarmer en la servant ; de sorte qu'elle aurait obtenu de lui, en échange des inculpations les plus atroces et des outrages les plus sanglans, plus d'empressement à lui complaire que n'aurait pu en obtenir la nation pour prix d'une patience inépuisable et d'une indulgence prolongée.

Je ne crois point à la réalité de ces bruits. Mais je veux examiner ce qui nous attendrait, nous, la France et le gouvernement même, s'ils étaient fondés. Je dis le gouvernement même, car il est pour le moins aussi intéressé que les citoyens à ce qu'on ne remette pas en question tout ce qui existe, tout ce qui commence, malgré bien des souvenirs et bien des fautes, à se consolider.

Je présenterai d'abord une considération générale : Sous quel prétexte voudrait-on changer tout-à-coup un ordre établi, un ordre qui, par un bonheur presque miraculeux, est devenu en trois ans une habitude ; un ordre que rien n'a interrompu, que rien n'a troublé ? La France est dans un repos profond, ou du moins elle était dans un profond repos avant les alarmes que l'on accrédite. Partout les contributions s'acquittent avec exactitude ; partout les lois sont respectées. Nulle part des symptômes de discorde ne se font remarquer, si ce n'est aux lieux où la faction de 1815 cherche à irriter le peuple par ses insolences, ou à l'égarer par ses missionnaires ; et dans ces lieux mêmes où sont tolérés tant de scandales, ces scandales, les tumultes qui les accompagnent, et les vociférations insensées sont du côté des missionnaires de 1815. Les citoyens ne leur opposent que le mépris, le dégoût, le silence, ou tout au plus des témoignages de désapprobation qu'aucune loi ne peut interdire parce qu'aucune violence ne les rend coupables.

Et c'est au milieu de cette tranquillité renaissante, quand le trône s'affermit par cela même que le peuple s'accoutume à la liberté; c'est au sein d'une paix qu'il suffirait de ne pas enfreindre pour garantir sa durée, qu'on voudrait tout-à-coup révolutionner de nouveau la France au profit des seuls révolutionnaires qui survivent encore à nos longs orages, au profit de cette poignée de privilégiés triplement rebelles, car ils sont rebelles au Roi, à la constitution qu'il a donnée et à la patrie dont il est le chef!

Non, je ne puis croire à cette démence. Je ne puis croire que des serviteurs du Roi osent, quand il règne avec sécurité comme avec sagesse, quand l'affection de son peuple s'accroît de l'idée des périls dont seul il le préserve, lui conseiller d'échanger son gouvernement constitutionnel et révéré contre un despotisme sombre, illégal, détesté de tous les Français, et qui perdrait en peu de jours l'état et le prince, la France et la royauté.

Car, il ne faut pas s'y tromper, le premier fruit des complots que l'on médite serait le mécontentement, la fermentation. On vaincrait, répond-on, les obstacles par la force. C'est donc à l'emploi de la force qu'on veut arriver. Nous le savions. L'oligarchie européenne est là, qui nous contemple. Elle s'irrite de notre calme; on veut le troubler. Elle attend le prétexte de quelque désordre; on veut que ce prétexte ne lui manque plus. Ses alliés secrets veulent renouveler les scènes horribles de Lyon et de Grenoble, pour en revenir à des capitulations de Paris et à des traités du 20 novembre.

Et c'est là ce qu'on espère obtenir d'un monarque qui possède aujourd'hui la gloire, unique parmi les monarques européens, d'avoir établi et de respecter la liberté. On cache le but à ses yeux; on sait combien son cœur s'en révolterait. On lui parle de maintenir l'ordre, quand le désordre n'est nulle part; de garantir les droits du trône, quand nul ne porte atteinte à ces droits; de déjouer des espérances factieuses, quand il n'y a de factieux que les conseillers impies qui l'importunent de leurs impostures et qui l'obsèdent de leurs clameurs. Ah! que toutes les voix françaises s'élèvent! qu'elles entourent le Roi constitutionnel, et qu'elles lui disent : « Sire, la France est tranquille, on vous propose de l'agiter; le gouvernement que vous avez fondé devient une heureuse habitude, on vous presse d'interrompre cette habitude et de la briser; le cœur des citoyens s'approche de vous, on veut que des rigueurs inutiles le glacent et le repoussent; et ceux qui vous sollicitent, ceux qui tentent d'obscurcir votre raison éclairée, vos vastes lumières, ce sont ces deux castes implacables dont l'une, après avoir conspiré durant six siècles contre vos ancêtres, a délaissé dans l'adversité votre auguste frère, et dont l'autre arma Clément contre Henri III, Ravaillac contre Henri IV, Damien contre votre aïeul Louis XV. »

J'ose l'affirmer. Lors même que des rapports infidèles auraient placé momentanément entre le trône et la France un prisme mensonger qui aurait trompé les yeux du monarque, ces considérations si évidentes, si justes frapperaient sa sagesse et retentiraient dans son cœur.

Je passe maintenant aux détails des projets qu'on

annonce, et qu'encore une fois je considère comme des rumeurs perfides répandues par les ennemis du repos public.

Nous aurons, nous dit-on, un ministère à peu-près pareil à celui contre lequel un cri général s'est élevé dans les derniers mois de l'année dernière. Certes, je ne me charge pas de la cause du ministère actuel ; c'est du ministère qu'on suppose prêt à le remplacer, que je m'occupe.

Ce ministère serait composé nécessairement ou d'hommes de la faction de 1815, ou d'hommes qui, comme les ministres de 1815, obéiraient, en murmurant quelquefois, aux volontés de cette faction. Cette vérité est incontestable ; car c'est, chose étrange, comme trop libéral, trop populaire, trop attaché à la loi des élections, que le ministère actuel serait renvoyé. Le nouveau serait donc moins populaire, moins libéral, plus ouvertement déclaré contre la loi des élections. Ainsi, dans les deux hypothèses, le résultat seroit identique. Le nouveau ministère, ou gouvernerait avec violence, ou céderait avec faiblesse aux hommes violens qui gouverneraient en son nom.

Nous aurions donc tout 1815. Comme alors, si le pouvoir n'était pas ostensiblement dans les mains d'une faction, cette faction commanderait à ceux entre les mains desquels serait le pouvoir.

Je le répète donc, nous aurions tout 1815. Faut-il retracer le tableau de cette époque ? Faut-il montrer la France peuplée de suspects, de prévenus, d'accusés, de condamnés ; les braves livrés à des conseils de guerre ; les citoyens à des cours prévotales ; la vieillesse et l'enfance traitées avec une égale barbarie ; la confiscation redemandée sous le nom d'indemnités ; les préfets punissant les coupables inconnus sur les agitateurs présumés, arrêtant, incarcérant, envoyant à cent lieues de leur domicile des négocians, des propriétaires, des cultivateurs, des manufacturiers, sans égard pour leurs liens domestiques, leurs entreprises commerciales, leur ruine et celle de leurs associés; les dénonciateurs travestissant en cris séditieux chaque mot, chaque plainte échappée à la misère, chaque soupir qui trahissait la pitié; les défenseurs interrompus dans leurs plaidoyers, et forcés de renoncer à leur mission sacrée; les assassins que la justice du Roi s'efforçait d'atteindre, absous à la tribune comme impatiens des lenteurs de la justice, ou comme enthousiastes de la monarchie; enfin, des artisans, des ouvriers, des mendians, des femmes, des veuves, des orphelins, jetés dans les cachots, et des amendes sans mesure et des détentions indéfinies leur enlevant le pain que eur travail avait gagné; et ces détentions, et ces amendes, et la déportation, même l'exil éternel ne paraissant pas des peines suffisantes aux jacobins de la royauté; car, il ne faut pas se lasser de le dire, tous les adoucissemens furent dus à la modération du Monarque. Les hommes de 1815 voulaient y substituer le dernier supplice; et j'ai déjà rappelé, je crois, dans un autre écrit, la gaîté féroce de cet orateur qui proposait, disait-il, un amendement bien léger, le changement d'un mot, la mort au lieu de toutes les autres peines.

Tel a été le régime de 1815; et, si un nouveau ministère arrivait au pouvoir sous les auspices de la faction qui s'est livrée à tant de fureurs : tel pourrait être 1820. Car, encore une fois, les ministres de 1815 ne voulaient pas tous ces excès : ils les ont permis par faiblesse; ils les ont tolérés par peur.

Me dira-t-on que dans ce ministère nouveau serait un homme qui survit toujours à tous ses collègues, et qui, éclairé par l'expérience, averti peut-être par de justes regrets, saurait mieux que la première fois se mettre en garde contre des complaisances funestes, et opposer au torrent une digue plus forte?

J'éprouve quelque embarras, je l'avoue, à m'expliquer sur ce ministre, avec lequel une circonstance particulière m'a donné des relations qui m'imposent de la reconnaissance, mais auquel il est plus important aujourd'hui que jamais de présenter toute la vérité.

Je commencerai par reconnaître mes obligations. J'étais, comme je l'ai dit ailleurs, inscrit sur les listes fatales de juillet 1815. Je ne connaissais point M. Decazes; je n'avais aucun droit à sa bienveillance. Il fut chargé de me notifier l'ordre arbitraire. Il écouta mes réclamations, qui ne furent ni un désaveu ni une excuse : car je ne cachai point que je ferais encore, dans les mêmes circonstances, ce que j'avais fait pour concourir à repousser l'étranger de France ; et que, défenseur du trône constitutionnel comme au 19 mars, je me rallierais ensuite, le cas échéant, à l'étendard quelconque levé pour préserver notre territoire. M. Decazes porta au Roi mes réclamations. Le Roi reconnut un sentiment français, et me raya lui-même.

Comme homme privé, je dois donc de la reconnaissance à M. Decazes, et je la professe. Il a été pour un inconnu, dans un moment d'orage, loyal et courageux; car la faction, qui avait dicté les listes, remplissait l'air de cris, et le duc d'Otrante croyait se sauver en livrant les victimes. M. Decazes fut plus juste et plus intrépide dans un rang secondaire, que le duc d'Otrante au faîte du pouvoir.

Cette obligation ne peut s'oublier; une longue séparation ne l'a point affaiblie. J'ai vu rarement M. Decazes, et je ne l'ai vu jamais que pour des réclamations qu'il était de ma mission d'appuyer. Mais si l'adversité le frappait, mon devoir et mon inclination me prescriraient de faire pour lui tout ce qui serait en ma puissance. Je ne manquerais pas à l'appel.

Mais, comme homme public, mes devoirs sont autres, et le premier de ces devoirs est de représenter à M. Decazes vers quel précipice il nous entraîne.

Il transige, ou il ne transige pas avec les ennemis de la Charte. S'il ne transige pas avec eux, qu'il le dise ; qu'il ne livre pas l'opinion à des alarmes continuelles ; qu'il ne nourrisse pas l'insolence de ces ennemis au prix des défiances de tous les bons citoyens, des inquiétudes des départemens, de la chute du crédit, de l'ébranlement du gouvernement même ; car cette pensée que le gouvernement pourrait sacrifier la Charte, et par là la France à une faction implacable, entretient le mécontentement, décourage l'affection, met un obstacle perpétuel à la stabilité. Si M. Decazes est franchement constitutionnel, qu'il repousse tout ce qui n'est pas constitutionnel comme lui; que ses paroles et ses actions nous rassurent : il le doit à son pays; il le doit au Roi. Je le dirai sans feinte, les soupçons qui pèsent sans cesse sur M. Decazes nuisent à la solidité du gouvernement royal.

S'il transige, qu'il réfléchisse, qu'il regarde autour de lui, qu'il consulte et ses intérêts et sa mémoire. Qu'il se rappelle pour quels motifs il a conseillé le 5 septembre. N'est-ce pas qu'il sentait alors que la faction qui avait dominé ne pouvait plus gouverner la France ; que même, sous le rapport de la force, la force lui manquait, parce que sans la raison la force ne peut durer ; qu'après dix mois d'une administration déplorable, la France ensanglantée, déchirée, incarcérée, n'en était que plus agitée, et le trône que moins affermi ? Et ce serait avec ces élémens de discorde, de destruction, de faiblesse qu'il voudrait composer un ministère nouveau! Il voudrait, sans nécessité comme sans excuse, imprimer à la France aujourd'hui le même mouvement contre-révolutionnaire qui a failli la perdre il y a trois années!

Se flatterait-il de diriger ce nouveau ministère? Mais il arriverait affaibli par ses expiations mêmes ; il arriverait sanctionnant en quelque sorte, par une coalition monstrueuse, les diffamations atroces dont l'ont abreuvé les hommes auxquels il consentirait à se réunir. Ils ont prononcé son arrêt d'avance ; après les premiers jours, il ne leur resterait qu'à l'exécuter.

N'était-il pas ministre en 1815? A-t-il pu contenir la faction à laquelle on répand qu'il veut s'allier? n'a-t-elle pas agi par lui et malgré lui? Ne l'a-t-elle pas forcé de coopérer à ce qu'il désavoue, à ce qu'il déplore? Ne place-t-il pas toute sa défense dans la violence irrésistible de cette faction? Et il espérerait la contenir, la soumettre! Mais il aurait mille fois moins de moyens qu'en 1815; alors il n'avoit pas été attaqué. Cette faction n'avait pas fait peser sur lui la responsabilité des actes qu'elle l'avait, dit-il (et je le crois), contraint de tolérer. Il arriverait maintenant chargé des souvenirs d'une époque cruelle ; il se serait rendu de nouveau solidaire de ces souvenirs, dont l'opinion publique aima long-temps à le séparer ; il aurait déchiré la justification que l'on se plaisait à accepter, en espérant qu'elle deviendrait moins incomplète et moins insuffisante! Avec quelle supériorité des collègues qui auraient au moins le triste mérite d'avoir persisté dans leurs fureurs, ne traiteraient-ils pas un ministre indécis et versatile, tantôt les accusant, les désavouant; tantôt revenant à eux, rétractant par ce retour ses accusations, et désavouant ses désaveux mêmes.

Non, si M. Decazes entrait dans un ministère soumis à la faction de 1815, il n'empêcherait, n'arrêterait, n'adoucirait plus rien. Entraîné, subjugué, soupçonné, il lui faudrait obéir ou tomber, et, pour comble de malheur, la chute viendrait après l'obéissance.

Je ne sais s'il s'irritera de ma franchise, s'il méconnaîtra mes motifs, s'il verra de l'ingratitude, là où il n'y a qu'une sincérité que je voudrais au prix de beaucoup de sacrifices, rendre utile à la France et même à lui, s'il accusera de présomption ce qui n'est qu'une conviction profonde.

Ce que j'écris ici, je suis peut-être le premier à l'imprimer ; mais toute la France le pense et le dit. Aussi long-temps qu'un homme a le pouvoir, rien n'est désespéré. Le pouvoir a une faculté réparatrice qui peut s'exercer en un instant, en une heure, et qui sauve celui qui l'exerce, parce qu'elle sauve l'état.

Le sort offre au monarque de la France une gloire que son ame élevée ne peut repousser, celle d'être le Roi du seul peuple libre de l'Europe, et de maintenir la liberté, tandis qu'autour de nous surgit le despotisme. Le sort offre à ses ministres une place assez belle, celle de seconder le prince qui se sera couvert d'une gloire aussi pure. Cette place, chacun d'eux peut y monter, mais le moment est là où il faut qu'il y monte, ou, se jetant dans l'abyme vers lequel une faction l'attire, il succombera sa victime, après avoir été son allié.

Ces réflexions m'ont entraîné si loin, que je me vois obligé d'abréger ce que je voudrais ajouter encore.

Je le puis d'autant mieux, que sur plusieurs objets l'opinion est fixée. La loi des élections est devenue une partie intégrante de la Charte. Sur la loi des élections repose toute la sécurité de la France; le nom de cette loi rappelle toutes les idées de liberté. La pensée qu'on veut lui porter atteinte présente à tous les esprits la contre-révolution comme imminente; l'amour des Français pour cette loi est pour ainsi dire un préjugé national, et il faut respecter les préjugés des peuples. Nos gouvernemens antérieurs ont péri pour avoir méconnu cette vérité.

La loi des élections, cependant, est éminemment aristocratique; elle restreint les droits politiques à moins de cent mille hommes sur 28 millions de Français. Mais c'est l'aristocratie de l'aisance, de l'industrie et de la propriété, c'est-à-dire une aristocratie qui a pour base les principes naturels et conservateurs de la société. C'est pour cela que la nation l'aime; car la nation n'est point démagogue; elle ne veut que l'ordre; elle a soif d'être confiante; elle est fatiguée de lutter, mais elle est éclairée; elle ne peut accorder sa confiance qu'à la bonne foi; elle sait que l'ordre n'existe que dans la liberté.

Je ne dirai qu'un mot sur l'Europe, et ce sera pour demander à quel état voisin l'on voudrait accorder le droit de diriger ou de conseiller notre gouvernement : serait-ce à l'Espagne, troublée par des conspirations toujours renaissantes? A l'Angleterre, menacée par ses réformateurs?. A l'Allemagne, réduite, si l'on en croit ses ministres, à prendre contre des trames révolutionnaires des moyens pour le moins aussi révolutionnaires que ces trames? Quoi! nous sommes parfaitement tranquilles, et des pays livrés à d'incalculables agitations prétendraient nous donner des recettes pour notre repos! Il est assuré sans eux, malgré eux peut-être, et il est assuré, surtout, parce qu'ils n'ont plus ni le droit ni la puissance de s'en mêler.

www.ingramcontent.com/pod-product-compliance
Lightning Source LLC
Chambersburg PA
CBHW061522040426
42450CB00008B/1742